AF285446

Postkarte mit Bohmter Motiven aus dem Jahr 1899. Gezeigt werden der Bahnhof, die Post, das Hotel Seling sowie das Bohmter Kriegerdenkmal.

Postkarte aus dem Jahr 1906. Inzwischen ist die Selingsche Mühle hinzu gekommen, die im Hintergrund des Anwesens zu sehen ist. Im Vordergrund ist der Bohmter Bahnhof abgebildet.

*Wolfgang Huge*

# Bohmte

## Spuren der Ortsgeschichte

**Impressum**

Fotografien und Repros: Dr. Wolfgang Huge

Copyright © Dr. Wolfgang Huge 2012

Druck: BOD Books on Demand GmbH
Gutenbergring 53
D-22848 Norderstedt

ISBN 978-3-84480-142-2

# Inhaltsverzeichnis

*Abbildung der Urkunde, mit der der Edelherr Gisilbert und seine Frau Cuniza ihre Güter an die Osnabrücker Kirche übertragen haben (Niedersächsisches Staatsarchiv Osnabrück, Osnabrücker Urkundenbuch Bd. 1, S. 138).*

# Erste urkundliche Erwähnung von Bohmte

Die Bauernschaft Bohmte wurde erstmals urkundlich erwähnt, als der Edelherr Gisilbert und seine Frau Cuniza dem Bischof Benno II. und der Osnabrücker Kirche die Liegenschaften Essen, Wehrendorf und Bohmte übertrugen. Diese nicht datierte Übertragungsurkunde stammt offenbar aus den Jahren zwischen 1074 und 1081, der gemeinsamen Schaffensphasen von Benno II. und seinen Kirchenvogt Everhard, die beide in der Urkunde erwähnt werden.

Wörtlich heißt es in der Urkunde „In nomine sancte et individue Trinitatis. Notum sit omnibus fi delibus (tarn praesentibus quam f)uturis qualiter domnus Gisilbertus et domna Cuniza praesente scilicet sorore sua et collaudante duo loca (nuncupata Essene) et Bamwide cum familiis et mancipiis necnon et aliis utilitatibus ad illa jure pertinentibus domno (Bennone episcopo) superstite ejusque advocato Everh(ardo) ad Osnabruggensem aecclesiam sancto Petro apostolo in haec verba (..... tradid)erunt, ut quotannis vite sue econtra in beneficium IIIIor libras decimationis et IIIIor feras: id est (duos porcos et) duas cervas illi utrique adusque fi nem vite sue haberent", so lautet der ergänzte Text der Urkunde. Ins Deutsche übersetzt heißt dies: „Im Namen der heiligen und ungeteilten Dreieinigkeit. Kundgetan sei allen Gläubigen, sowohl den gegenwärtigen wie zukünftigen, in welcher Weise der Edelherr Gisilbert und die edle Frau Cuniza im Beisein der mit löblichen Worten zustimmenden Schwester zwei Ortschaften, nämlich Essen und Bohmte mit dem Hofgefolge und den Eigenbehörigen nebst allen dazugehörigen Nutznießungsrechten, dem derzeitigen Hohen Herrn Bischof Benno und dessen Kirchenvogt Everhard der Osnabrücker Domkirche übergeben haben. Es ist vereinbart, dass die Stifter wiederum zeit ihres Lebens zu eigenem Nutzen empfangen sollen: 4 Pfund Silbers aus Zehntgeldern und 4 Wildbretstücke, 2 Schweine und 2 Hirsche, und zwar beide als Einheit somit auch der letztlebende allein bis zum Ende seines Lebens." Anschließend nennt das Dokument 27 Zeugen, die alles gesehen und gehört haben: „die Kapitelsherren Eilhard, Ecbrath, Eilword, Athalbrath, Liuzico, Alfword; die Edelherren Otto - des Präfekten Godescalc Sohn, Haolt, Amulung, Werin, Ezo, Benniko, Hrothulf, Hezil, Godebold, Thiederic, Thiedo, Widilo, Liudolf, Celico, Ricfrith, Ratolf, Udo, Werinheri, Azo, Odo, Bernold, und viele andere wie auch noch die Bürger alle".

*Der Lageplan von Johann du Plat aus den Jahren 1784–1790 zeigt Bohmte zwischen dem „Haus Oevelgönne", dem „Haus Tappenburg" und „Auf der Ihsenburg".*

# Frühe Besiedlung und ältere Ortsnamen

Ältere schriftliche Dokumente über Bohmte sind im Niedersächsischen Staatsarchiv Osnabrück nicht vorhanden. Was vorher gewesen ist, lässt sich anhand von Überlieferungen zum Fürstbistum Osnabrück nicht mehr klären. Allerdings kann man der Urkunde auch entnehmen, dass es um diese Zeit bereits eine Ansiedlung „Bamwide" gegeben haben muss, schließlich ist vom Gefolge Gisilberts die Rede. Doch wer waren Gisilbert und sein Gefolge? Offenbar hatten Gisilbert und Cuniza keine Erben, nur eine Schwester, die wohlwollend eingewilligt haben soll. Und warum übertrugen die beiden Essen und Bohmte zugleich, waren die Häuser Essen und Bohmte durch ihre Heirat zusammengekommen? All diese Fragen werden unbeantwortet bleiben, ebenso wie die Frage nach den Ursprüngen des Ortes, der in späteren Jahren als Bomwide (1350), Boemwedde (1596) und Boempte (1624) Spuren in der Geschichte hinterlassen hat und so verschiedene ältere Ortsnamen von Bohmte in Erinnerung hält.

Die menschliche Besiedlung der Gegend um Bohmte liegt jedoch viel weiter zurück und beginnt mit den Hügelgräbern der Bronze- und Eisenzeit, die hier vielfach zu finden waren, jedoch im 19. Jahrhundert im Zusammenhang zunehmender Siedlungstätigkeit des Menschen zerstört wurden. Seit 1723 führt der Ort die Schreibweise Bohmte.

Um einen verhältnismäßig kleinen und lockeren Kern am Westhang des Bohmter Hügels entstanden im Zuge der mehr und mehr um sich greifenden Kolonisation von Wald und Heide die Einzelhöfe von Hinterfelde, Steinbrink und Bohmterheide. Lange Zeit war Bohmte ein kleines bäuerliches Dorf, das im Schatten des Verwaltungssitzes in Hunteburg stand. 1772 lebten in Bohmte allerdings bereits 900 Personen, davon 425 männlichen und 475 weiblichen Geschlechts. Damit hatte Bohmte die höchste Einwohnerzahl im gesamten Kirchspiel Ostercappeln. Im Zentrum Ostercappeln selbst lebten derweil insgesamt nur 437 Personen, und das Amt Hunteburg verzeichnete in dieser ersten, vom Osnabrücker Aufklärer Johann Carl Bertram Stüve in Auftrag gegebenen Volkszählung 7.876 Einwohner. Auch die Bauerschaft Essen im Amt Wittlage zählte mit 475 Personen deutlich weniger Ansässige, war allerdings stärker durch Handel und Handwerk geprägt. Haupterwerbsquelle Bohmtes war in jener Zeit die Landwirtschaft, und sie sollte bis in das 20. Jahrhundert bleiben.

Ein Blick auf den alten Lageplan, den Johann Wilhelm Du Plat in den Jahren von 1784-1790 angefertigt hat, zeigt eindrucksvoll die Lage und Größe des damaligen Ortes. Verzeichnet sind um die 60 Gebäude, die in einem losen Verbund ein kleines Ortszentrum bildeten. Zu erkennen sind auch die Straßen, die von Süden her in den Ort führten und dort in Richtung Petershagen/ Minden und Richtung Haldem abbogen, während die Verbindung nach Norden hin Richtung Diepholz/ Bremen führte. Das alte Dorf hatte in seiner von Du Plat festgehaltenen Entwicklung einen ellipsenförmigen Zuschnitt, der zwei Kreise umschloss. Dies waren zum einen die Gruppe der alten Vollerbenhöfe Stein, Breitholt, Wellner, Bothmer sowie der Meyerhof und der Halberbenhof Witte im Süden und die übrigen Halberbenhöfe von Brockmeyer, Niemeyer, Schwake, Teckner und Wichardt im Norden des Dorfes. Eine Bohmter Höfeliste von 1806 erwähnt zudem die Erbkötter Marten, Massmann, Wellenkamp und Witte sowie 51 Markkötter, die sich inzwischen vorwiegend auf höheren, von Hochwasser weniger bedrängten Lagen angesiedelt hatten.

Im weiteren Verlauf des 19. Jahrhunderts hatte Bohmte noch keinen unmittelbaren gewerblichen Aufschwung zu verzeichnen. 1821 stand der Ort mit einer Bevölkerung von 1.331 Personen hinter Schwagstorf (1.428 Einwohner) an zweiter Stelle des Amtes Hunteburg. 1958 hatte sich die Gemeinde Bohmte mit 4.049 Einwohnern sogar an die Spitze der Einwohnerstatistik im Landkreis Wittlage gesetzt. Was die Bevölkerungsdichte betrifft, blieb Bohmte mit einer 23,1 qkm großen Gemarkungsfläche aufgrund seiner weiten Wald-, Gras- und Heideflächen mit nur 175 deutlich hinter der von Ostercappeln (503) und Bad Essen (224) zurückbleibt. Bis 1967 stieg die Zahl der Einwohner auf 4.276, und im Jahr 2010 konnten 7.215 Einwohner gezählt werden.

*Fotografie aus dem Jahr 1910 mit dem Gasthof Asshorn, Saalbetrieb und der alten Bohmter Kirche der katholischen Gemeinde St. Johannes der Täufer im Hintergrund.*

# Die Bohmter Kirchen und das Gut Arenshorst

Die Bohmter Kirchengeschichte beginnt mit der Erwähnung einer Kapelle, die als eine durch die Ostercappelner Pfarrei erfolgte Gründung gilt und urkundlich für das Jahr 1536 belegt ist. 1625 findet sich dann ein weiterer Hinweis auf eine Filialkapelle von Ostercappeln in Bohmte, um die es damals aber offenbar nicht gut stand. Nach dem Westfälischen Frieden wurden Bohmte und Ostercappeln den Katholiken zugesprochen. Doch waren die kirchlichen Verhältnisse jener Jahren alles andere als befriedigend. Denn damals fand kein eigentlicher Gottesdienst statt. In Bohmte wurde nur jeden zweiten Sonntag eine Christenlehre gehalten, zu der ein Geistlicher aus Ostercappeln anreisen musste, sofern die heiligen Sakramente zu spenden waren.

Auch das Kirchengebäude selbst befand sich offenbar in einem schlechten Zustand. Im Jahre 1660 wandte sich der Gerichtsschreiber Bödeker im Namen der ganzen Gemeinde an den Bischof mit der Bitte, dass ein ständiger Priester für die Pfarrgemeinde bestellt werden möchte. Der Domküster Joh. Jobst von Ledebur, der auf der Ovelgönne seinen Wohnsitz hatte, leitete eine Besserung der Verhältnisse ein. Er ließ die vernachlässigten Gebäude in einen verbesserten Bauzustand setzen und sorgte dafür, dass dem Kaplan von Ostercappeln Bernard Wandmacher das geistliche Amt von Bohmte als ein bis zu einem gewissen Grade selbständiges Amt übertragen wurde. Die seit 1665 geführten Kirchenbücher deuten auf eine selbständige Pfarrei hin. 1667 wurde dem Geistlichen in Bohmte schließlich das Recht bestätigt, Trauungen vorzunehmen. 1751 befand sich die Kirche dann erneut in einem besorgniserregenden Zustand. Zur Zeit von Pastor Nordhoff wurde der alte Kirchenbau abgerissen, und durch eine einschiffige Kirche aus Hausteinen mit Rundbogenfenstern, westlichem Giebelreiter als Glockenturm und flacher Holzdecke ersetzt. 1949 wurden drei neue Bronzeglocken für das Geläut angeschafft. Zudem wurde mit dem Bau eines neuen Glockenturmes begonnen. Um die vielen Heimatvertriebenen aus dem Osten, die sich in Bohmte angesiedelt hatten, aufnehmen zu können, wurde ein Erweiterungsbau der Kirche erforderlich, der 1960/61 nach Westen hin ausgeführt und am Pfingstfest 1961 durch Weihbischof von Rudloff geweiht wurde.

Eine eigene evangelische Kirchengemeinde hat Bohmte erst, seit sich die St. Thomas Kirchengemeinde 1964 von ihrer Muttergemeinde St. Johannis in Arenshorst gelöst hat. Das Kirchengebäude der Gemeinde war bereits 1955 erbaut und eingeweiht worden, nachdem frühere Versuche der evangelischen Bürger Bohmtes zum Bau einer eigenen Kirche immer wieder gescheitert waren. Benannt ist die Kirche nach dem Apostel Thomas, dem sich in der Bauzeit viele Christen besonders verbunden fühlten. Ihre heutige Gestalt verdankt die St. Thomas Kirche vor allem dem Wirken des Künstlerehepaares Theo und Ruth Landmann in den 1960er Jahren. Darauf gehen u.a. die 14 Engobetafeln von der Schöpfung und die 4-teilige Buntglasfensterwand „Von der Liebe Gottes", sowie das St.-Thomas-Altarbild zurück.

Die erste urkundliche Erwähnung einer Kapelle in Arenshorst ist für das Jahr 1353 erwähnt, als Helenbert von der Horst und seine Frau Hille verkaufen das Haus „to dem Mesenhole" und einen Kotten dazu an den „Besitzer der Kapelle zu Arenshorst" verkauften. 1605 trat mit Nicolaus Bohnenkamp der erste evangelische Pastor in die verwaiste Pfarrstelle ein. Bis zu seinem Tode 1628 blieb er 23 Jahre als Pastor in Arenshorst tätig. Während seiner Amtszeit wurde 1623 das Kirchenschiff erweitert. Da die Kapelle in Arenshorst keine eigene Pfarrkirche, sondern eine Burgkapelle innerhalb des Kirchspiels Ostercappeln ohne eigenen Pfarrbezirk darstellte, wurde mit dem Westfälischen Frieden keine Entscheidung über deren Glaubensstand getroffen. So stellten die Arenshorster Patrone mit Georg Köler sofort wieder einen evangelischen Geistlichen ein. Die Kirche musste allerdings 1651 bis 1672 geschlossen bleiben, da die katholische Kirchenobrigkeit keinen evangelischen Geistlichen in Arenshorst dulden wollte. Ab 1672 war hier dann allerdings wieder ein evangelischer Pfarrer tätig, so dass auch die Menschen eines evangelischen Glaubensbekenntnisses in Bohmte wieder eine kirchliche Heimat hatten. Seit 1686 war die Familie von Ledebur die einizige verbleibende Patonatsfamilie der Kirche, die 1774 nochmals vergrößert wurde, bevor sie 1815 zur Pfarrkirche aufgewertet wurde.

Das Gut Arenshorst ist eines der ältesten Rittergüter des Wittlager Landes, das im 14. Jahrhundert aus einer oberen und einer unteren Burg bestanden haben soll. In einer Urkunde von 1388 werden genannt: „Pforthaus und Wall und Raum bei der Kirche zwischen dem Graben und der Brücke wie das beplanket ist, Stallung und Backhaus auf der obersten Burg zu Arenshorst, seine Borchbrede und Brücke zu Arenshorst und alle seine Wälle und Gärten....".

Die Kirche des Gutes ist vermutlich auf dem Platz der alten Kapelle als Fachwerk errichtet und später mehrfach umgebaut worden. Ein Gabelkruzifix aus dem 14. Jahrhundert ist der wertvollste Schmuck des Kirchenraumes. Südwestlich von Bohmte steht auch heute noch inmitten der Huntewiesen das Herrenhaus der oberen Burg der ehemaligen Doppelburg Arenshorst, die von einem parkartigen Hochwald umgeben war. Eine mächtige Eichenallee führt auch heute noch aus westlicher Richtung auf den Rittersitz zu. Zum Osten hin füllen gewichtige Wirtschafts- und Gesindehäuser aus festen Fachwerkwänden das ovale Rund innerhalb des Burggrabens aus. Die über 600 Jahre alte Fachwerkkirche schließt die Idylle des Gutes ab.

Um 1300 hatte das mächtigste Geschlecht des Landadels im Fürstentum Osnabrück, die Ritter von der Horst, hier sein festes Haus. Helenbert von der Horst, der auch die Kirche zu Arenshörst gründete, vergrößerte seine Wasserburg seinerzeit um zahlreiche Besitzungen des Osnabrücker Nordlandes, darunter die Höfe Langelage und Horst im Kirchspiel Ostercappeln und Güter in der Bohmter und Essener Gegend. Vier Herrenhäuser bzw. Wohnungen wurden im Jahre 1500 auf der Arenshorst verzeichnet: das Grothausssche, Tribbesche, Ledensche und Sulingsche. Um 1580 wurden die Geschlechter von Bar, Quernheim, und von Ledebur in Verbindung mit der Burg Arenshorst genannt. Wenige Jahre später sprechen die Überlieferungen von zwei Burgen auf der Arenshorst: die Ledebursche und die Grothausssche Burg. Die Ledenburg und das Haus Krietenstein in Linne zählen zu dieser Zeit zu den Besitzungen der Doppelburg. Eine der Burgen, die untere, war 1683 so verschuldet, dass sie, nachdem die Erben die Übernahme ausgeschlagen hatten, von der Regierung Osnabrück öffentlich ausgeboten wurde. Für 13.000 Taler erstand der ravensbergische Drost Clamor von Ledebur die Burg. Nach den Nachrichten aus dieser Zeit bestand sie aus einem Herrenhaus vor der Brücke, drei Pferdeställen, einem Back- und Brennhaus und einer Wagenscheune. Alle Gebäude waren aus Fachwerk gebaut. 1727 war die untere Burg noch von Wällen umgeben. Sie wurde jedoch in den folgenden Jahren abgetragen. Trotzdem blieben weiter zwei Güter Arenshorst im ritterschaftlichen Matrikel verzeichnet. Das spätere Herrenhaus war das der früheren oberen Burg. 1685 nahm die Familie von Ledebur dann das gesamte Anwesen von Arenshorst in Besitz.

Das um 1740 errichtete heutige Herrenhaus entstand unter Benutzung der Anlagen von 1506. Der einstöckige, langgestreckte über hohem Kellergeschoss geschaffene Bau mit Mansardendach ist 1925 verlängert und im Dachgeschoss erweitert worden. Die Mitte des Gebäudes wird auf der Vorder- und Rückseite durch einen zweigeschossigen Mittelrisalit mit Dreiecksgiebel betont. Das Wappen (Philipp Wilhelm von Ledebur – Augusta Amalia von dem Bussche, 1740) über dem Hauseingang und eine doppelläufige geschwungene Freitreppe sind der einzige Schmuck. Sandsteinfiguren der vier Jahreszeiten dekorieren den Platz vor dem Eingang. Das Gut Arenshorst blieb bis 1961 im Besitz der Familie von Ledebur, um anschließend durch Verkauf in die Hände der bürgerlichen Industriellenfamilie Claas zu gelangen.

*1955 entstand mitten im Ort das neue evangelisch-lutherische Gotteshaus der Kirchenge-meinde St. Thomas, die sich 1964 von ihrer Mutterkirche in Arenshorst löste.*

*Bis dahin bot die kleine Kirche in Arenshorst den Menschen evangelisch-lutherischen Glaubens aus Bohmte eine Heimstätte. Die alte Fachwerkkirche des Gutes führt eine über 600-jährige Tradition bis in die Gegenwart fort. In der ersten Hälfte des 19. Jahrhunderts wurde der Kirchenbau nach Süden und Norden hin erweitert. 1875 wurde schließlich ein neugotischer Backstein-Kirchturm nach einem Entwurf von Conrad Wilhelm Hase angebaut, der einen Dachreiter ersetzte. Die 1815 zur Pfarrkirche erhobene Johanniskirche wurde 1970 außen und innen umfassend renoviert.*

# Landwirtschaft und Postkutschenbetrieb

Es waren die Landwirtschaft und der Postkutschenbetrieb, die das Leben des kleinen Ortes zwischen der „Tappenburg", der „Oevelgönne" und der „Ihsenburg" prägten. Bereits im Mittelalter hatten die wichtigen Handelswege von Osnabrück nach Bremen und von Minden nach Bramsche durch Bohmte geführt. Zudem lag der Ort an den Routen der Postkutschen, die hier eines ihrer Quartiere hatten. Auch wenn um diese Zeit die Beschaffenheit der Wege noch sehr schlecht und Reisen ein Abenteuer war, kamen viele Menschen durch Bohmte, die sonst nie etwas von diesem Ort erfahren hätten. Die Mutter des deutschen Philosophen Arthur Schopenhauer verknüpfte mit Bohmte und der Post schmerzliche Reiseerinnerungen. An der Postkutsche, die sie 1787 nach Berlin führen sollte, brach in Bohmte eine Achse, wodurch die Reisenden zu einer unfreiwilligen Übernachtung gezwungen wurden. Hiervon berichtete Frau Schopenhauer aber rühmend, dass die Liebenswürdigkeit des Postmeisters und seiner Frau in Begleitung eines „halben Dutzend kleiner, niedlicher Postmeisterlein" die Härten des Missgeschicks zu mildern gewusst hätten. Auch andere berühmte Persönlichkeiten sollen auf ihren Reisen durch den Ort gekommen sein, so der Bischof Heinrich III. von Sachsen-Lauenburg im Jahre 1575, der Bischof Philipp Sigismund im Jahre 1591, der Bischof Ernst August I. im Jahre 1662, König Georg II. von England im Jahre 1750 und König Ernst August im Jahre 1838. Ihnen allen soll bei ihrer Ankunft durchweg ein fürstlicher Empfang bereitet worden sein.

Die große von Westen kommende Heeres- und Poststraße führte über Osnabrück - Ostercappeln, an der Leckermühle und Arenshorst vorbei, überschritt bei der alten Tappenburg am jetzigen Bahnhof die Hunte, lief dann entlang der heutigen Bremer Straße durch Bohmte und gabelte sich dicht nördlich des Dorfes in die Poststraße über Minden nach Hannover und in die nach Bremen. In wirklich guten Zustand kamen die Straßen erst durch Napoleon I., der für militärische Zwecke eine Etappenstraße von Wesel über Münster - Osnabrück - Diepholz bis Bremen ausbauen ließ. Die Poststationen standen im Abstand von drei Meilen, was ungefähr 22 km entsprach (eine Meile belief sich im Königreich Hannover damals auf 7419,20 Meter!). Für die Bewältigung dieser Entfernung benötigten die Postgespanne auf Chausseestrecken etwa drei Stunden, auf schlechteren Wegen etwa viereinhalb Stunden. In alten Poststreckenkarten ist zu erkennen, wie Bohmte in die Gestaltung der von Osnabrück ausgehenden Routen einbezogen war. Von hier aus ging es über Ostercappeln und Lecker nach Bohmte, wo die nächste Station lag, an der sich die Strecken nach Sielhorst und Diepenau trennten, die dann beide über Nienburg nach Bremen und von dort aus weiter nach Hamburg führten. Von Diepenau aus ging es dann über Minden weiter bis Hannover. Der Überlieferung zufolge soll am 5. Februar 1664 erstmals ein Postfuhrwerk in Bohmte gehalten haben, und bereits um 1700 existierte hier ein „Post-Relais", das Pferdeumspannstation und Postbüro ins eins war. Um 1750 soll die Poststation dann auf dem Meyerhof untergebracht gewesen sein, wo sie bis in die 1840er Jahre verblieb. In guten Zeiten, so heißt es, sollen hier 80 - 100 Wechselpferde für die durchreisenden Postillione bereit gestanden haben. Von hier aus wurden die Posthalterei und das Postbüro zusammen mit dem Fuhrpark an den Gastwirt Wilhelm Eckelmann an der Ortsstraße übertragen (heute Bremer Straße 69). Hinter dem Haus Nr. 69 führte eine Durchfahrt zu den Stallungen im Haus Nr. 70/71, die von den Postkutschen genutzt wurden.

An das alte Postbüro erinnerte lange Zeit das Schalterfenster in der Stubentür. Bis zum Beginn des 19. Jahrhunderts blieb Bohmte von der Landwirtschaft und dem Postkutschenverkehr geprägt. Aus einem aus dem Jahr 1845 stammenden Verzeichnis „sämmtlicher im Amte Wittlage-Hunteburg vorhandener Fabriken und fabrikähnlichen Etablissements" erfahren wir, dass in Bohmte um diese Zeit noch keinerlei Ansätze einer Industrialisierung vorhanden waren, mit Ausnahme eines Versuchsschachts des Gutsbesitzers Homann, der in Bohmte einen Steinkohlenbruch betrieb. Ansonsten wird für Bohmte noch eine „ziehmlich bedeutende" Branntweinbrennerei von W. Homann erwähnt - das war es dann aber auch schon.

*Fotografie der Zeche „Beharrlichkeit" mit 8 Arbeitern.*

# Industrialisierung und Eisenbahn

Mitte des 19. Jahrhunderts setzte auch auf dem flachen Lande die Industrialisierung ein. Für Bohmte begann sie mit einem Zufall. 1845 hatten der Grubensteiger Nickel und der reitende Förster Knippel aus Wittlage bei der Aufnahme von Steinbrüchen im Garten der Homann´schen Windmühle vor Bohmte ein flachliegendes Steinkohlenlager entdeckt und einen Schacht angelegt. Dies belegen Akten des Niedersächsischen Staatsarchivs in Osnabrück. In einem Bericht des Amtes Wittlage-Hunteburg vom 28. November 1845 an die Landdrostei ist auch davon die Rede, dass sofort versucht wurde, einen Probeschacht anzulegen. Dieser hatte Ende November mit einer Weite von 7 und 5 Fuß im Lichten bereits eine Tiefe von 24 Fuß erreicht. „Bis auf 12 Fuß vom Tage ab hatte er Holzbau; der übrige Theil desselben war durch festen Sandstein getrieben". Von der Sohle des Schachtes ab waren nach Nordost, Südost, Südwest und Nordwest kurze Strecken getrieben worden, und in allen diesen Strecken fand sich ein Steinkohlenflötz, welcher im Durchschnitte eine Mächtigkeit von 10 Zoll aufwies. Daneben fand sich auch der Hinweis, dass die Steinkohlen damals bereits mit 8 Mann gefördert und schon in gewissen Quantitäten verkauft worden waren. Sie seien, so berichtete der Amtmann weiter, den Sülbecker Kohlen ähnlich, hätten in Öfen einen guten Zug und würden vortrefflich brennen. Auch seien sie von mehreren Schmieden versucht und als zum Schmieden geeignet befunden worden, wenn sie mit den Sülbecker Kohlen vermengt würden.

Nachdem Homann die Erlaubnis zur Steinkohlengewinnung in Bohmte bekommen hatte und diese auch zu den bisherigen Bedingungen zweimal kurzfristig verlängert worden war, gab er den Zechenbetrieb bereits im März 1847 wieder auf. Nach der Einstellung der Kohleförderung wurde der Versuchsbergbau nach intensivem Bemühen der Gemeinde Bohmte am 19. September 1848 übertragen, zunächst für den Zeitraum bis zum Jahresende 1851. Kurz darauf, im Oktober 1848, wandte sich die Gemeinde Bohmte an das Amt mit dem „Ersuchen, das ihr verliehene Steinkohlenbergwerk an den Müller Meyersiek daselbst für die Dauer der Concession" verpachten zu dürfen, und nach dessen Genehmigung im Sommer 1849 stellte sie „den ferneren Antrag, die ihr unterm 19. September 1848 ertheilte Erlaubniß zur Steinkohlen-Gewinnung innerhalb ihrer Feldmark auf die Dauer von zwanzig Jahren zu verlängern". Als auch dies genehmigt wurde, lief die Steinkohleförderung, in nunmehr offenbar merklich vergrößertem Umfang, wieder an.

*Postkarte aus dem Jahr 1910. Erster Sitz der Kreis-Sparkasse im „Gasthof zur Post" am Bahnhof.*

*Eine weitere Postkarte aus dem Jahr 1910 mit der Schenkwirtschaft, Färberei und dem Colonialwarenhandel Hermann Kohlhaus.*

Ein erstes gewerbliches Fanal setzte damals die 1851 gegründete Kohlenzeche „Karoline". Mittels einer Dampfmaschine wurden nun an der Südostseite der Ortschaft mit 53 Bergleuten aus drei Schächten täglich 168 doppelte hannoversche Himten, das sind 168 Zentner, zu vier Groschen je Zentner Steinkohle gefördert. Im Schacht Karoline wurde in 32 Meter Tiefe, im Schacht Felix in 18 Meter gearbeitet. Die Förderung war anfangs noch mit der Hand, das heißt mit einem Handhaspel, erfolgt. Dies stellte sich aber bald als zu primitiv und unrentabel heraus, weshalb der Betrieb auf Dampfkraft umgestellt und ein Tiefschacht angelegt wurde. Der Keller des späteren Seiterschen Hauses diente den Bergleuten zum Umkleiden und Trocknen der Kleider. Dieses Gebäude brannte im Jahre 1855 ab und wurde durch Meyersiek zweigeschossig wiederaufgebaut. Noch heute trägt ein rundes Giebelfenster das Wahrzeichen der Zeche mit Hammer und Schlägel.

Die Kohleförderung in Bohmte dauerte fast 20 Jahre an, bis die Schachtanlage um 1870 ihre Produktion wegen mangelnder Rentabilität wieder einstellte. Dabei fand die Bohmter Kohle fand guten Absatz, so gut, dass Kunden teilweise wieder vergebens abreisen mussten, weil die gesamte Fördermenge bereits verkauft war. Vor allem die Ziegeleien der Umgegend kauften gerne Bohmter Kohlen und freuten sich, wenn die in der Nähe geförderten Feuermittel mit geringen Transportkosten zu bekommen waren. Wie die Akten andeuten, war es wohl das stets nachdringende Wasser in den neuen Kohleabschnitten, dem man nicht mehr Herr werden konnte, das für die Stilllegung des Betriebs verantwortlich war.

Längst hatte sich der Blick auf ein neues Projekt gerichtet, denn 1873 sollte Bohmte Station der neu erbauten Bahnlinie Bremen-Diepholz-Ruhrgebiet werden. Mit den Bauarbeiten an der Eisenbahnlinie Bremen-Köln war schon im Jahr 1870 begonnen worden, und als die Linie am 1. Juni 1873 ihren Betrieb aufnahm, wurde gleichzeitig die postamtliche Posthalterei aufgehoben. Der Eisenbahnanschluss an die zweigleisige Hauptstrecke mit seinem starken Personen- und Güterverkehr war für die wirtschaftliche Entwicklung Bohmtes von größter Bedeutung. Nun änderte sich auch das Gesicht der Ortschaft Bohmte, da in der Nähe des außerhalb gelegenen Bahnhofs im Süden des Ortes ein völlig neuer Ortsteil entstand. Das 1872 errichtete Bahnhofsgebäude ist der älteste Ziegelsteinbau der Ortschaft, der die Verwendung von Holzfachwerk und Bruchsteinen ablöste. Die Bahnlinie schloss das Wittlager Land näher an die große Welt an. Auf dem Weg nach Osnabrück hielt der Zug zunächst nur in Vehrte. Die Bahnhöfe in Ostercappeln und Belm kamen erst später hinzu. 1885/86 sollen in einem Jahr 15.404 Fahrgäste in Bohmte angekommen und 15.105 Fahrgäste abgefahren sein, eine gute Bilanz für einen Ort, an dem gut 10 Jahre zuvor nur Postkutschen für räumliche Bewegung gesorgt hatten. Nach und nach wuchs die Bahnhofsanlage, es entstanden Überholgleise für Güterzüge, und immer größere und stärkere Lokomotiven durchquerten den Ort.

Mit dem Bau des Bahnhofsgebäudes wurde auch die Post aus dem Ort in die Nähe des neu errichtete Gebäude verlegt, und zwar zunächst in das Selingsche Haus an der Bremer Straße 7. Und auch dort wurden die Posträume bald zu klein, und es entstand am Bahnhof 1886 zunächst der Gasthof „Zur Post", in den der Postbetrieb zum 1. Oktober des Jahres verlegt wurde. Es war der aus Wissingen stammende Postmeister Heinrich Rahe, auf dessen Antrag hin die Postdirektion ihre Räumlichkeiten in das neu erbaute Gebäude umziehen ließ. Als Postmeister Rahe 1900 nach Emden versetzt wurde, kaufte Ernst Kleinschmidt den Gasthof zur Post und ließ nur zwei Jahre später das neue Postamt erstellen. 1902 folgte der Umzug der Post in den Neubau des Kaiser-lichen Postamts, und die Umgebung des Bahnhofs gewann mit diesem Gebäude und dem Hotel Seling ein völlig neues Gesicht, so wie es auf alten Postkarten überliefert ist. Bohmte hatte einen zweiten Ortskern bekommen, der in den Folgejahre rund um den Bahnhof wachsen sollte und von Verkehr und Handel lebte. Zwischenzeitlich hatte 1900 die Wittlager Kreisbahn zur weiteren Erschließung des heimischen Raumes die Bahnlinie Bohmte - Holzhausen aufgenommen, der 1914 die Linie Bohmte - Damme folgten sollte. Am 10. Juli 1908 eröffnete die Sparkasse des Kreises Wittlage in Bohmte im Gasthof „Zur Post" ihre erste Niederlassung. Bis zum Juli 1914 führte sie ihre Ge-schäfte in ein paar Zimmern des Gasthofes, dann baute sie vis-a-vis eine eigene Ge-schäftsstelle – das Haus, in dem heute die Bohmter Verwaltung ihren Sitz hat. In der Nacht vom 21. auf den 22. Januar 1923 wurde das Gelände des Bohmter Postamts Zeuge eines Einbruchs im Postamt, der mit einer Schießerei endete, bei der ihr Dienst-stellenleiter Dr. Rudolf Buddenböhmer die bewaffeneten Diebe nachts um 3 Uhr ge-meinsam mit dem Nachbarn Kleinschmidt vertreiben konnte. Dabei war der Einbruch in das Postamt im Grunde völlig sinnlos, denn das Geld wurde stets zum Abend hin abgeführt.

Ein Verzeichnis zu industriellen Ansiedlungen im Landkreis Wittlage von 1898/99 erwähnt für Bohmte lediglich den Steinbruch des Hofbesitzers Wellner, in dem 9 Be-schäftigte tätig sind, den Steinbruch des Kolon Breford gen. Teckner, der 2 Beschäftigte ausweist, die Hannoversche Holzindustrie GmbH Veitmann Kettler & Co. mit 26 Ar-beitern (1901 in Konkurs gegangen). 1904/1905 ist das Dampfsägewerk von Ludwig Paaß mit 40 Beschäftigten hinzugekommen, während der Steinbruch von Teckner ein-gestellt ist und der von Wellner nur noch mit halbierter Kraft arbeitet.

*Postkarte mit einer Abbildung der Bohmter Getreidemühle und Gastwirtschaft Schuhmacher auf einer Postkarte von 1919.*

*Aufnahme der Bohmter Post auf einer Postkarte ebenfalls aus dem Jahr 1919. Mit Blick entlang der Straße in Richtung Wehrendorf/ Bad Essen.*

*Gastwirtschaft H. Beermann auf einer Aufnahme von 1919.*

*Das neue Gebäude der Kreis-Sparkasse ist gegenüber dem Bahnhof entstanden. Hier auf einer Postkarte von 1920.*

*Der Gasthof August Asshorn in der Ortsmitte mit der Bohmter Kirche im Hintergrund, auf einer Postkarte von 1919.*

*Aufnahme des Bohmter Hotels Seling am Bahnhof. Auch diese Aufnahme entstammt einem Bilderzyklus für Postkarten, die Bohmte um 1919/1920 zeigen.*

Aufnahme des Bohmter Bahnhofs auf einer Postkarte aus dem Jahr 1919. Eine Gruppe von Reisenden wartet zusammen mit den Bahnhofspersonal auf den einlaufenden Zug.

Gesamtansicht der Gleisanlagen des Bohmter Bahnhofs mit Blick auf Bohmte. Die Aufnahme stammt ebenfalls von 1919.

# Neues Leben rund um den Bahnhof

Als die Wittlager Kreisbahn Bohmte im Jahr 1900 über die Strecke nach Holzhausen/Heddinghausen mit dem dicht besiedelten Südosten des Kreises verband, trat ein deutlicher Fortschritt ein. Mit der Fortführung der Kreisbahn über Hunteburg nach Damme verbesserte sich die Verkehrsanbindung des Ortes weiter. Das alte Zentrum der Gemeinde lag bis zu dieser Zeit noch im Umkreis der katholischen Kirche, des Pfarrhauses, des Gemeindeamtes und der Schulen und umfasste zudem die Säle der größten Gastwirtschaften „Gieseke" und „Schobbe". Dieser Bereich, der heute noch die Westseite der Bremer Straße begleitet, wurde später um die evangelische Kirche gegenüber dem Gemeindeamt erweitert, und ist mit seinen von der Sparkasse und dem Rathaus bis über die Schule bis hin zum Freibad und Hallenbad reichenden Gebäuden eine Achse kultureller und gemeindebehördlicher Funktionen geblieben.

Daneben kam es zum Aufbau eines neuen Wirtschafts- und Dienstleistungsschwerpunkt, der die zunehmende Bedeutung von Bohmte als Hauptverkehrsknoten innerhalb des Altkreises Wittlage widerspiegelte und gleichzeitig dazu führte, dass es auch Sitz einer sehr regen gewerblichen Lebens wurde. Rund um den Bahnhof siedelten sich im Süden des Ortes die landwirtschaftliche Bezugs- und Absatzgenossenschaft (1883), die Wittlager Kreisbahn AG (1897), die Vieh- Ein- und -Verkaufsgenossenschaft (1900), die Kreissparkasse (1908), die Saatguthandelsgesellschaft (1916), die Landwirtschaftsschule (1919), die Möbelfabrik Becklas (1921), die Raiffeisen-Molkerei (1928), das Sägewerk von Max Wagner, drei Zementwarenfabriken und Baugeschäfte sowie weitere Betriebe an.

In diesem Zusammenhang ist auch ein zweiter Versuch von Bergbau in Bohmte zu erwähnen. Die Deilmann-AG, die im Jahre 1912 das Schürfrecht erworben hatte, baute nun einen neuen Schacht mit neuzeitlichen Anlagen und Gebäuden. Es war die Zeche „Beharrlichkeit", deren Bauten einschließlich Förderturm noch bis in die 1950er Jahre standen. Nach dem ersten Weltkrieg wurden hier mit einer Belegschaft von etwa 250 Mann täglich 60 bis 80 Tonnen Kohle gefördert. Das Bohmter Kohlenfeld enthielt vier abbauwürdige Flöze, die eine Stärke von 26 bis 50 Zentimeter hatten und in geringer Tiefe lagen. Im alten Schacht „Karoline" hatte die Tiefe des obersten Flözes nur 32 Meter betragen. Auch die von der Zeche „Beharrlichkeit" gewonnene Kohle erwies sich als eine hochwertige Anthrazitkohle mit vielseitiger Verwendungsmöglichkeit. Ab

1923 begann man dann, auf dem Felde „Beharrlichkeit" Steinkohle aus einem Schacht von 104 Meter Tiefe zu fördern. Hier wurde in unmittelbarer Nähe des Staatsbahnhofs Bohmte ein neuer Schacht in Betrieb genommen, dem der in ca. 700 Meter Entfernung liegende, auf 56 Meter vertiefte alte Schacht der Zeche „Karoline" als Wetterschacht diente. Unter Tage waren 1000 m Querschläge und 300 m Grundstrecken aufgefahren. Der Ausbau der oberirdischen Anlagen konnte nicht vollendet werden, da der Abbau 1925 wegen der alt bekannten Fakten erneut eingestellt werden musste: einerseits wegen geringer Mächtigkeit der Flöze, andererseits wegen starker Wassereinbrüche in den Stollen und darüber hinaus angefallenen Trockenschäden in den Bohmter Brunnen. So ließ man Schacht und Stollen „ersaufen".

1934 war noch einmal an eine Wiederaufnahme mit einer Anfangsförderung von 120.000 Tonnen pro Jahr gedacht worden, doch ohne dass dieser Plan in die Praxis hätte umgesetzt werden können. Damit ist Bohmte der einzige Standort im Wittlager Land, an dem je in größerem Umfang Bergbau betrieben worden ist.

*Aufnahme des Bohmter Bahnhofgebäudes aus dem Jahr 1964. In der Bahnhofskneipe wurde damals „Osnabrücker Bier" gereicht.*

# Landwirtschaft und Geflügelzucht

Um die Mitte des 19. Jahrhunderts setzte die Umstellung der Landwirtschaft auf moderne Grundsätze und das Streben nach höheren Erträgnissen aus der Bodenwirtschaft ein. Der Übergang zur Stallfütterung war mit einer der ausschlaggebenden Faktoren für den dadurch erzielten reicheren Anfall gehaltvoller Düngstoffe. Unterstützt wurde der Umschwung durch die Aufhebung der Eigenbehörigkeit, die den Bauer eigenen Erfolg von gesteigerter Arbeit erhoffen ließ, und andererseits durch den an sich bedauerlichen Niedergang des Leinengewerbes als Hausindustrie, wodurch die Bevölkerung gezwungen wurde, sich neue Einnahmequellen zu erschließen. Infolge dieser Entwicklung kam die Geflügelzucht immer mehr in den Blickpunkt des bäuerlichen Betriebes, der zwar immer schon Hühner, Gänse und auch Tauben gehalten hatte, nun aber mit der Zucht ertragreicherer Rassen begann. Und hier setzten die Bohmter Geflügelzüchter ein frühes Zeichen landwirtschaftlicher Entwicklung, das national wie international Beachtung fand. Mit seinen Ausstellungen, Wettbewerben und seinem Einsatz für die gewerbliche Geflügelhaltung hat der in Bohmte gegründete Verein der Wittlager Geflügelzüchter zur Entwicklung des landwirtschaftlichen Lebens im Wittlager Land insgesamt beigetragen. So versammelten sich die Geflügelzüchter des Kreises Wittlage im März 1899 im großen Saal des Gasthauses Gieseke, um die Modalitäten eines Nutzgeflügelzüchtervereins zu beraten.

Das Datum wurde auch zum Geburtstag des Vereins, denn das Interesse unter den Wittlager Geflügelzüchtern war so groß, dass aus der geplanten Vorbesprechung gleich die Vereinsgründung wurde - 53 Personen ließen sich damals sofort in die Mitgliederliste eintragen. Es war der Wille der Versammelten, dass noch im selben Jahre die erste Ausstellung stattfinden solle. Doch schien dies an der Frage der dazu notwendigen Käfige zu scheitern. Da trat jedoch Dr. med. Jürgens aus Lintorf auf den Plan, der die entsprechenden Käfige für 1.260 Mark kaufte und sie dem Verein schenkte. Leider konnte er die Früchte seiner großherzigen Stiftung nicht mehr auskosten, denn er ist wohl der einzige Einwohner des Kreises, der noch vor der Jahrhundertwende mit einem Auto tödlich verunglückte. Die geplante erste Ausstellung des Vereins aber konnte im Jahre 1899 durchgeführt werden. Alle vier Wochen fanden von nun an Versammlungen statt, und zwar abwechselnd in Bohmte und Venne. Der Verein nahm dabei Rückgriff auf eine Tradition, die auf das Stichwort „Lakenfelder" hört, eine Hühnerrasse, die sich durch überwiegend schwarzweiße Färbung sowie durch rege Legetätigkeit, ausgeprägten Bruttrieb und schmackhaftes Fleisch auszeichnet. Im Handbuch der Hühner-rassen ist ihre Entwicklungsgeschichte in zwei Varianten beschrieben. Demnach gibt es zu den „Lakenfelder" jeweils eine niederländische als auch eine deutsche Entwick-lungsversion. Erstmals aufgetaucht sind sie in einem Reisebericht von 1727 über den Ort Lakervelt südlich von Utrecht. In der anderen Version sind die Lakenfelder hinge-gen Anfang des 19. Jahrhunderts aus Westfälischen Totlegern, Campinern und eventu-ell auch aus den belgischen Zottegems entstanden. Als engere Heimat für diese Zucht gilt die Region südlich des Dümmer Sees. Die ersten engagierten Förderer der Rasse kamen demzufolge aus dieser Gegend. Und so weisen auch internationale Werke wie „Races of demostic Poultry" von Edward Brown, eine britische Darstellung von 1906, die Lakenfelder als alte deutsche Rasse aus, die um 1840 in Westfalen und Hannover gezüchtet wurde. Um 1860 erlebte die Rasse eine starke Verbreitung, die jedoch mit dem Aufkommen ausländischer Leistungsrassen wie der Italiener stark zurück. Heute werden die Lakenfelder als eine seltene deutsche Rasse von der Gesellschaft zur Erhal-tung alter und gefährdeter Haustierrassen (GEH) unterstützt und gefördert.

Um die Haltung von Hühnern zu einem einträglichen Nebenerwerb der Landwirtschaft zu erweitern, hielt es unter anderem der Gutsbesitzer Teschemacher auf Wahlburg bei Ostercappeln für notwendig, sich mit der rationellen Geflügelzucht zu befassen, wie er unter großem Beifall auf einer landwirtschaftlichen Kreisvereinssitzung in Bohmte im März 1905 ausführlich darlegen konnte. Im 11. Jahr seines Bestehens konnte der Nutzgeflügelzucht-Verein für den Kreis Wittlage am 4. und 5. November seine sechste Geflügel-Ausstellung durchführen, die im Giesekeschen Saal stattfand. Immerhin hat-te der Verein soviel Aufmerksamkeit erreicht, dass die Zeitschrift „Geflügel-Welt" in einem eineinhalbseitigen Artikel auf die Ausstellung einging. Dem Verein werden da-rin große Verdienste bei der Förderung der einheimischen Geflügelzucht bestätigt. Mit Belehrung und Anregung habe man zur Zucht von reinrassigem und erstklassigem Ge-flügel beigetragen und so die Geflügelwirtschaft als nützlichem Betriebszweig etabliert.

Was folgte, war eine abwechselungsreiche Vereinsgeschichte. Bis in die Gegenwart hal-ten die Bohmter Geflügelzüchter zusammen mit ihren ebenfalls noch aktiven Venner Nachbarn die Erinnerung wach, dass das Geflügel früher auf dem Hof als die Domäne der Bäuerin galt. Die hatte auf diese Weise eine Möglichkeit, sich ein wenig dazu zu verdienen und vor allem an Bargeld zu kommen, dass auf Höfen immer knapp war. Mit dem Verkauf von Eiern konnte sie sich ein wenig Geld beschaffen, um Dinge zu kaufen, die auf dem Hof selbst nicht erzeugt werden konnten. Das allerwichtigste An-liegen des Vereins war es jedoch, die Jugend für das Federvieh zu begeistern. So wurde der landwirtschaftliche Nachwuchs mit der Zucht von Zwerghühnern und Tauben an das tägliche Füttern und die regelmäßige Pflege von Tieren herangeführt. Auch galt das Geflügel aufgrund seines schön anzusehenden Federkleids als der Schmuck des Hofes. Mit den Lakenfelder Hühnern, die heute noch im Logo des Bohmter Ge-flügelzüchtervereins auftauchen, wird so die Erinnerung an eine Zeit wach gehalten, die sich sowohl in baulicher als auch in sozialer Hinsicht im heutigen Bohmte kaum mehr spiegelt. Dort, wo der alte Ort mit den Höfen seine Heimat hatte, rund um den Meyerhof, das alte Gasthaus Gieseke mit seinem Saalbetrieb und die Bohmter Kirche, ist eine andere Zeit eingekehrt. Vielleicht helfen die Lakenfelder Hühner und der Geflügelzüchterverein dazu beizutragen, dass das alte bäuerliche Bohmte nicht vollends in Vergessenheit gerät.

Lakenfelder.

*Aufnahme vor dem Hof Wellner aus dem Jahr 1907.*

*Einsatz einer alten Dreschmaschine der Petermann-Werke, in deren unmittelbarerer Nähe die strikte Maßgabe „Rauchen verboten" galt.*

# Landwirtschaftliche Berufsbildung

Wie für Bohmte, so behielt die Landwirtschaft für den gesamten Landkreis Wittlage eine erstrangige Stellung im Wirtschaftleben bis weit in das 20. Jahrhundert hinein. Entsprechend waren auch die Bemühungen zur Qualifizierung des landwirtschaftlichen Nachwuchses, die bereits im ausgehenden 19. Jahrhundert einsetzten. So berichtet die „Osnabrücker Zeitung" vom 9. November 1895 in einer kurzen Notiz von der Gründung der ersten Vorläufer des landwirtschaftlichen Berufsschulwesens: „Hunteburg, 8. November (Fortbildungsschule). Überall im Kreise sind im vorigen Winter so genannte ländliche Fortbildungsschulen ins Leben gerufen worden, in welchen Jünglinge, die eben die Volksschule verlassen hatten, im Rechnen, Schreiben (Deutsch), Zeichnen und Naturgeschichte unterrichtet werden …".

Ein Studium der entsprechenden Akten im Niedersächsischen Staatsarchiv Osnabrück zeigt, dass für das gesamte Wittlager Land Quellen vorhanden sind, die solche ländliche Bildungseinrichtungen in Venne, Bohmte, Essen, Lintorf, Ostercappeln, Rabber, Linne, Hunteburg, Meyerhöfen und Herringhausen, später auch in Haaren, Brockhausen, Hitzhausen, Schwagstorf, Welplage und Wimmer ausweisen. Wie darin zu erfahren ist, waren diese frühen Formen der beruflichen Unterrichtswesens strikt an den Bedürfnissen und Anforderungen des bäuerlichen und handwerklichen Lebens auf dem Lande ausgerichtet.

So beschränkte sich der Unterricht in den Fortbildungsschulen auf die Wintermonate und orientierte sich dabei auch inhaltlich weitgehend am landwirtschaftlichen Arbeitszyklus. Unterrichtsmonate waren November, Dezember, Januar, Februar und März, wobei der Unterricht im November und März von dem Ende beziehungsweise dem Beginn der landwirtschaftlichen Arbeiten abhängig war. Entsprechend der Witterung nahmen die Schulen im Anschluss an die Ernte den Unterricht auf, um ihn zu Beginn der Saat- und Pflanzzeit wieder einzustellen. Der Unterricht beschränkte sich in jener Zeit auf zwei Abende in der Woche, an denen zwei oder drei Unterrichtsstunden abzuhalten waren. Als Lehrkräfte fungierten die örtlichen Dorfschullehrer, denen die ländlichen Fortbildungsschulen eine willkommene Gelegenheit boten, ihr knappes Einkommen durch einen zusätzlichen Verdienst aufzubessern. Wirft man einen Blick auf die Inhalte des Lehrplans, so wird das Bemühen um die Kenntnisse und Fähigkeiten deutlich, die für das Leben auf dem Lande nützlich, ja geradezu unerlasslich waren, etwa die theoretischen Grundlagen des Ackerbaus und der Viehzucht. Behandelt wurden unter anderem Themen „Die Haustiere und ihre Pflege", „Die Krankheiten der Tiere", „Die Wechselwirtschaft", „Nützliche und schädliche Insekten", „Giftpflanzen", „die Wiese" und vieles mehr. Im Deutschunterricht wurde das Anfertigen von Geschäftsaufsätzen, Briefen oder Eingaben an Behörden geübt sowie „das Wichtigste aus der Sprachlehre und Rechtschreibung". Wie der Bohmter Lehrplan zeigt, standen daneben vor allem Themen aus dem Bereich der Buchhaltung im Vordergrund. So wurden Schuldscheine, Anweisungen, Quittungen, Pachtkontrakte, Bürgschaftsscheine, Vollmachten, Kaufverträge, Mahnbriefe, einfache Briefe und Bewerbungen besprochen und abgefasst, und auch die einfache Buchführung, das „Einnahmen- und Ausgabenbuch eines Landwirts oder Handwerkers" wurde besprochen. Der Rechenunterricht schließlich umfasste die vier Grundrechenarten, Preisberechnungen und Prozentrechnung.

Der Besuch dieser ersten Fortbildungsschulen war freiwillig, und in einzelnen Schulorten fiel der Unterricht bald mangels Schüler aus. Während in manchen Jahren ausreichend viele Anmeldungen vorlagen, meldeten sich in anderen Jahren zu wenige, um den Unterricht aufzunehmen. Bereits am 28. Februar 1897 teilt etwa der Hunteburger Lehrer Bäumer dem Königlichen Landratsamt zu Wittlage mit: „Die Einrichtung einer Fortbildungsschule für die Samtgemeinde Hunteburg war trotz aller Bemühungen für diesen Winter nicht zu erreichen. Ich musste unter diesen Umständen unbedingt mit dem Unterricht fortfahren, wenn nicht die Sache hier der Lächerlichkeit anheim fallen und für später schwer geschädigt werden sollte; dass durch ein plötzliches Einstellen des Unterrichts inmitten des Winters beides herbeigeführt worden wäre, bedarf wohl nicht der weiteren Begründung. Die Fortbildungsschule ist daher in voller Tätigkeit, sie wird von 13 Schülern besucht." Anders als in Hunteburg, wo das nachlassende Interesse an der neuen Einrichtung wieder aufgefangen werden konnte, mussten die Bohmter Lehrer ein Jahr später die Erfahrung machen, dass sich der Unterricht nicht mehr zustande bringen ließ. Wie der Lehrer Steinkamp dem Landratsamt am 9. Oktober 1898 mitteilte, ergab eine Anfrage beim Schulvorsteher, „dass sich bis gestern nur zwei Schuler angemeldet haben. Es ist daher fraglich, ob die Fortbildungsschule hier in diesem Winter eröffnet werden kann."

Aus den Akten wissen wir, dass die Bohmter Schule 1898 geschlossen blieb, nachdem sich zwischen 1895 und 1897 eine ausreichende Interessentenzahl gefunden hatte. Als sich ein Jahr später (1899) wieder 9 Schüler anmelden, nahm sie den Unterricht erneut wieder auf. Aus den bis 1915 reichenden Angaben über den Schulbesuch geht die wechselhafte Entwicklung des ländlichen Fortbildungswesens im Wittlager Land recht deutlich hervor. Nach anfänglich relativ lebhaftem Zuspruch, der 1895 noch etwa 200 Schüler in Bohmte und andernorts brachte, ging die durchschnittliche Teilnahme schon bald auf einen Wert von jährlich 100 bis 120 zurück. Während des Ersten Weltkriegs kamen die Bestrebungen dann offenbar gänzlich zum Erliegen.

Kurz nach dessen Ende wurde in Bohmte dann im September 1919 die „Landwirtschaftliche Kreiswinterschule" als Lehranstalt für den landwirtschaftlichen Nachwuchs des gesamten Landkreises eingerichtet. 1920 konnte der Landkreis die Bohmter Fleischwarenfabrik erwerben und diese der Schule nach entsprechendem Umbau als eigenes Gebäude zur Verfügung stellen. Noch im selben Jahr übernahm die Landwirtschaftskammer für die Provinz Hannover die Schulträgerschaft. Einer der Schüler des ersten Jahrgangs, der an der Einrichtung in den beiden Wintern 1919/20 und 1920/21 unterrichtet wurde, war Wilhelm Wellner sen. aus Bohmte, dessen Entlassungszeugnis erhalten geblieben ist. Ein Blick in das Dokument zeigt die unterschiedlichen Fächer an, in denen sich der bäuerliche Nachwuchs zu schulen hatte. Da war zunächst das Fach „Deutsch" mit seinen Untergliederungen Aufsatz, Geschäftsaufsätze, Rechtschreibung und Schrift, sowie die naturwissenschaftlichen Disziplinen Rechnen, Feldmessen, Physik und Chemie. Hinzu kamen die praktischen Fächer Ackerbau, Pflanzenbau, Tierzucht, Betriebslehre und Buchführung ergänzt durch die in Bohmte unterrichteten Zusatzangebote Obstbau, Gemüsebau und Forstwirtschaft. Abgerundet wurde der Fächerkanon durch die „Bürgerkunde", und schließlich gab es auch Beurteilungen für die damaligen „Kopfnoten" Betragen, Ordnung, Aufmerksamkeit und Fleiß, abgerundet durch spezielle Bemerkungen, wenn dieses denn nötig erschien. Der Betrieb der Schule lief angepasst an den Zyklus der landwirtschaftlichen Tätigkeit in den Wintermonaten von Anfang November bis Mitte/ Ende März. Als Schulbücher wurden spezielle Schriften eingesetzt wie der „Leitfaden der Düngerlehre für praktische Landwirte zum Unterricht an landwirtschaftlichen Lehranstalten" von Professor Dr. R. Stutzer, der in erster Auflage 1890 in Leipzig erschienen war.

Bis zum Ende des Winters 1961/62 wurde in der alten landwirtschaftlichen Schule der landwirtschaftliche Nachwuchs des Landkreises Wittlage in Bohmte unterrichtet. Nach längeren Verhandlungen mit der Landwirtschaftskammer Weser-Ems in Oldenburg beschloss der Kreistag schließlich, einen den damaligen schulischen Verhältnissen entsprechenden Neubau zu schaffen mit Jugendräumen für Veranstaltungen verschiedenen Charakters sowie einem Wohngebäude mit der Wohnungen für den Schuldirektor und den Hausmeister. Aufgrund des nachlassenden Interesses an der Landwirtschaft insgesamt wurde die Landwirtschaftsschule zum 31. März 1969 geschlossen, und das neue Schulgebäude erhielt eine andere Nutzung, indem die zwischenzeitlich neu errichtete Kreis-Mittelpunkt-Sonderschule im Gebäude der ehemaligen Landwirtschaftsschule untergebracht wurde, deren Schüler ihrerseits seit 1966 in angemieteten Räumen der evangelischen Volksschule in Bohmte unterrichtet worden waren.

*Aufnahme des Jahrgangs 1933 der Landwirtschaftlichen Kreiswinterschule.*

*Aufnahme des Jahrgangs 1934. Bereits ein Jahr nach der Machtergreifung der NSDAP trägt ein Teil der Schüler Abzeichen der Organisation am Revers.*

# Die „gewerbliche Berufsschule" des Landeskreises Wittlage

Nachdem für den landwirtschaftlichen Nachwuchs eine Ausbildungslösung gefunden worden war, richteten sich die Augen auf das Handwerk und die kaufmännische Ausbildung. Auch die Berufsschule des Landkreises Wittlage sah ihre Wurzeln in den „Ländlichen Fortbildungsschulen", vor allem in den auf 1904 in Bad Essen und 1912 in Venne datierten Einrichtungen. Diese Schulen wurden nur von der männlichen Jugend aus Landwirtschaft und Handwerk besucht. Volksschullehrer oder, in wenigen Fällen auch Handwerksmeister, unterrichteten die jungen Männer, die zwischen 15 und 22 Jahren alt waren. Unterhaltsträger dieser Fortbildungsschulen waren die Samtgemeinden. Der Besuch war keinesfalls Pflicht, sondern jedem aus der Volksschule entlassenen Jungen freigestellt. 1924 wurden diese Schulen wieder neu eröffnet und erhielten nun schon den Namen „gewerbliche Berufsschule". Der Lehrplan war aber nur auf das Handwerk ausgerichtet. In den Jahren bis 1927 entstanden in Bohmte, Hunteburg, Ostercappeln und in Barkhausen-Lintorf solche Berufsschulen, deren Schüler auch weiterhin von Volksschullehrern und Handwerksmeistern unterrichtet wurden.

1931 kam der spätere Direktor der „Kreisberufsschule", Wilhelm Heinemeyer, als erste hauptamtliche, für den Beruf des Gewerbelehrers ausgerichtete Lehrkraft in den Kreis Wittlage. Heinemeyer gab außer in Bohmte auch in allen anderen Berufsschulen Unterricht. Und es war sicher keine reine Freude, jeden Tag in eine andere Schule fahren zu müssen. Um fruchtbringende Arbeit leisten zu können und die Möglichkeit zur Einrichtung von Fachklassen zu schaffen, wurden diese gemeindlichen Berufsschulen Anfang des Jahres 1935 aufgelöst, und im November des gleichen Jahres die Kreisberufsschule mit dem Sitz in Bohmte zu gründen. Die Schülerzahl, die in den Anfangsjahren in Bad Essen und Venne etwa 30 bis 40 betragen hatte, war im November 1935 bis auf 163 angestiegen. Nach wie vor besuchten die Kreisberufsschule zur damaligen Zeit nur Handwerkslehrlinge, denn eine Industrie, wie sie im Kreise Wittlage in den 1950er und 1960er Jahren bildete, gab es damals noch nicht. Die späteren Industrieunternehmen waren damals noch handwerkliche Betriebe. 1936 schließlich wurde die Berufsschulpflicht, die ja bereits seit 1924 bestand, auch auf weibliche Handwerkslehrlinge und auf sämtliche kaufmännische Lehrlinge ausgedehnt. Die Schülerzahl überstieg bis zum Ende des Zweiten Weltkriegs nicht die Anzahl von 300 Schüler und Schülerinnen.

Dennoch gab es um 1938 Bestrebungen, der Kreisberufsschule neue Räumlichkeiten zu verschaffen, doch verhinderte der vor der Tür stehende Krieg diese Maßnahme, und nach 1945 war die zunächst aussichtslose wirtschaftliche Situation im Nachkriegsdeutschland der Grund dafür, dass es noch bis zum Jahr 1956 dauern sollte, bis der Bau einer gewerblichen Berufsschule in Bohmte in Angriff genommen werden konnte. Im Dezember 1958 wurde dann die neue Kreisberufsschule mit einem Haupttrakt von 50 Meter Länge und einer bebauten Grundfläche von 960 qm ihrer Bestimmung übergeben. Dies war auch dringend nötig. Denn mit dem Hereinströmen der Vertriebenen und Flüchtlinge aus dem ostdeutschen Raum in den Jahren 1945/46 wuchs die Zahl der Berufsschüler im Wittlager Land auf rund 500 an und erreichte im Jahre 1955 einen Wert von 628 Schülerinnen und Schüler.

Für diese hohe Zahl zu unterrichtender Lehrlinge war die alte Kreisberufsschule entschieden zu klein. Am 28. Oktober 1957 war daher mit dem Bau einer neuen Kreisberufsschule begonnen worden, die fortan den Unterricht von 25 Klassen in fünf Klassenräumen ermöglichten sollte, bei einem Unterricht an fünf Tagen pro Woche.

Neben jedem Klassenraum befand sich auch ein Werkraum, und auch das Dachgeschoss war ausgebaut worden, um einen Malerarbeitsraum einzurichten. Hinzu kamen ein großes Lehrmittelzimmer, ein Verwaltungsraum, das Direktorenzimmer, das Lehrerzimmer, das Büro und die Toilettenanlagen, die das neue Schulgebäude vervollständigten, das 1958 von 480 Lehrlingen der „geburtenschwachen" Jahrgänge besucht wurde. Damit hat auch das zähe Ringen des Schulleiters und der Lehrerschaft der Bohmter Kreisberufsschule seinen vorläufigen Abschluss gefunden, das seit zwei Jahrzehnten darauf zielte, in Bohmte eine neue Berufsschule einzurichten. Es war sicherlich die verkehrstechnisch gute Erreichbarkeit Bohmtes aus fast allen Teilen des alten Landkreises, die für den Standort sprach und Bohmte so zum Mittelpunkt der berufschulischen Ausbildung im Landkreis Wittlage gemacht hatte.

*Triebwagen der Wittlager Kreisbahn vor dem 1913/1914 errichteten Gebäude der Kreis-Sparkasse in Bohmte, in dem das Rathaus seinen Platz hat.*

*Blick entlang der Kreissparkasse und des Cigarren-Hauses in die Bremer Straße. Im Vorder-grund durchtrennen die Gleise die Straße, und links geht es in den Garten vom Hotel Seling.*

*Ortsdurchfahrt in der Ortsmitte um 1940. Noch säumen mächtige Bäume beide Seiten der Bremer Straße, auf der bereits gelegentlich Autos zu sehen sind.*

*Der Hof Wellner und der Gasthof Asshorn mit seinem Ausstellungssaal bildeten an der Kirche des Ortes zusammen mit der gegenüber liegenden Villa Seling den alten Ortskern.*

*Ortsdurchfahrt am Gasthof Asshorn zur Zeit des „Dritten Reiches". Im Hintergrund der Fahnenmast mit dem Hakenkreuz in dem von Fachwerk geprägten Straßenbild.*

*„Gasthof und Restaurant Hermann Schobbe" mit Saalanbau und Colonialwarenladen um 1940 nahe dem Ortsausgang in Richtung Diepholz und Haldem.*

*Ortsdurchfahrt in Richtung Diepholz um 1940.*

*Ortsdurchfahrt am Gasthof Asshorn und der neu gestalteten Kirche um 1970.*

# Nach dem zweiten Weltkrieg

Wer vor 1939 aus einem Nachbarort nach Bohmte kam, sah vor sich östlich der Hunte und der Bundesbahn einen langgestreckten Hügel, der hauptsächlich entlang der Bremer Straße Bebauung aufwies. Nur in Höhe des Meyerhofes war der Ortskern damals etwas breiter. Zu dieser Zeit lebte etwa die Hälfte der Bevölkerung noch auf den bäuerlichen Anwesen rund um den Ortskern, insbesondere an der Haldemer und Leverner Straße. Die Bauten an der Bremer Straße dienten vornehmlich gewerblichen Zwecken für den Ort selbst und für die benachbarten ländlichen Gemeinden, die hier überwiegend ihre Einkäufe erledigten. Der Bahnhof und die Post bildeten die südliche Grenze des Ortskerns, der im Norden an der Abzweigung der Haldemer Straße endete. Der einzige aus den Bauwerken des Ortes herausragende Punkt bestand aus der Schachtanlage der stillgelegten Zeche. Kirchtürme und sonstige markante Punkte fehlten vollkommen in der Silhouette des Dorfes. Hermann Siefker, der in den 1930er Jahren den Gasthof zur Post von der Familie Kleinschmidt erworben hatte, verkaufte das Anwesen zum 1. April 1945 an Heinrich Bunselmeyer. Die Kriegsjahre mit dem ständigen Fliegeralarm, den Angriffen auf Züge und Bahneinrichtungen mit Maschinengewehren und Bomben hatten an seinen Nerven gezehrt und ihn zur Aufgabe des Gasthofs bewegt. Damals hatte auch die Viehverwertung ihren Sitz in der Gastwirtschaft. Ernst Kleinschmidt sen. und jun. sowie Heinrich Bunselmeyer waren lange Zeit deren Vorsitzender, und die Sammelstelle hatte ihre Geschäfts- und Sammelstelle in den ersten Jahren auf dem Gelände des Gasthofs. Hier wurden die Schweine abgenommen, gesammelt, gewogen und gezeichnet, um anschließend zum Verladen durch den Ort getrieben zu werden. Später wurde die Sammelstelle dann direkt auf der Rampe des Güterbahnhofs eingerichtet. Angegliedert war auch eine Deckstation, die der Pferdezucht des Landkreises Wittlage vorangebracht haben soll, ebenso wie sich hier eine Waage für Fuhrwerke befand, auf dem so mancher Wagen mit Kunstdünger, Kohlen, Koks oder Kartoffeln gewogen wurde. In den 1950er Jahren wurde das Gasthaus aufgestockt und umgebaut, um es in seine heutige Form gebracht.

Bis in der 1960er Jahre hinein erinnerten Reste einer Schieferhalde in der Weide neben dem Schützenplatz an die Bohmter Vergangenheit als Ort von Bergbau und Kohleförderung. Auf dem hohen Schornstein der Zeche „Karoline", die zuletzt als Wetterschacht gedient hatte, nisteten seit den 1930er Jahren regelmäßig Störche. Zusammen mit dem Förderturm der Zeche „Beharrlichkeit" prägte der Schornstein lange die Ansicht des Ortes, da sie bereits aus der Ferne zu sehen waren. Bis 1956 standen sie wie ein Wahrzeichen, um an die vergangenen Jahre des Bergbaus in Bohmte zu erinnern. Dann erfolgten der Abbau des Förderturms und die Sprengung des weithin sichtbaren Schornsteins am Karonlinenschacht. Am Dienstagmorgen, den 8. März 1956 gegen 11.15 Uhr, erschütterte eine mächtige Detonation den Ort, Staub wirbelte auf, geisterte gespenstisch am Boden entlang. Der hohe und alte Schornstein legte sich auf die Seite, Mauerwerk prasselte zu Boden, Steine flogen durch die Luft. Mit der Sprengung dieses alten Schornsteines auf dem ehemaligen Gelände der Zeche „Beharrlichkeit" verschwand ein Stück Bohmter Geschichte, ein Wahrzeichen von vier Jahrzehnten. Bedauerlicherweise ereignete sich im Zusammenhang mit der Sprengung ein schwerer Unfall, denn bei den Restsprengungen erlitt der 78jährige Sprengmeister Heinrich Stratmann schwere Kopfverletzungen, wahrscheinlich einen Schädelbruch. Auch wurde eine Hochspannungsleitung beschädigt, die entzwei riss. Den Störchen, die Jahr für Jahr diesen Schornstein bezogen hatten, wurde auf dem Kohlenbrechergebäude ein neues Nest errichtet, um ihnen in der alten Umgebung eine „Heimstatt" zu geben. Alten Schätzungen zufolge sollen in Bohmte noch zehn Millionen Tonnen Antrazitkohle ungenutzt im Boden ruhen. Mit einer erneuten Inbetriebnahme der Zeche aber dürfte wohl kaum mehr zu rechnen sein. Die Grube steht seit mehr als 75 Jahren voll Wasser. Schließlich wurde der Rest der Anlage von der Osnabrücker Rohstoffgroßhandlung Adolf Ellermann genutzt, lag später aber erneut wieder still als industrielle Brache und ist inzwischen vollständig verschwunden.

Im südlichen Bereich von Bohmte haben sich nach dem Zweiten Weltkrieg auch einige Einrichtungen niedergelassen, die wichtige Aufgaben für den Landkreis Wittlage zu erfüllen hatten wie das Staatliche Gesundheitsamt, die Nebenstelle des Arbeitsamtes Osnabrück, die Kreishandwerkerschaft, oder das Post- und Telegrafenamt. Dieser Teil von Bohmte abseits der Hauptstraße dehnte sich in den 1960er Jahren auf dem Siedlungsgelände südlich des Bahnhofs mehr und mehr aus. Standen damals noch östlich des Bahnhofes vor allem individuelle Bauten älteren Datums (Villen, Vorstadthäuser und Betriebsanlagen), so entstanden nun im Süden an der Straße nach Ostercappeln und Wehrendorf Ortsteile, die von Siedlungshäusern geprägt waren.

Kurz nach 1948 hatte in Bohmte eine bis dahin einzigartige bauliche Entwicklung begonnen. Zuerst nahm die Siedlung Tappenwiese, die bis dahin lediglich aus 7 Häusern entlang der Hunte bestand, Gestalt an. 57 neue Häuser wurden hier nach der Währungsreform gebaut. Durch die Ausweisung zahlreicher kleiner Baugebiete in den folgenden Jahren wurde vielen Baulustigen im Norden, Osten und Süden des alten Ortskerns weitere Gelegenheit gegeben, in Bohmte zu siedeln. Aus vielen Gemeinden des Kreises kamen die Bohmter Neubürger zusammen, unter ihnen eine große Zahl Vertriebene, die sich an verkehrsmäßig günstiger Stelle eine neue Heimat einrichten wollten. Bis 1957 waren es fast 200 Neubauten, um die der Ort Bohmte seit der Währungsreform vergrößert wurde. Ein Großteil davon lag in den Siedlungen Tappenwiese und Sudheide. Zahlreiche zusammenhängende Reihensiedlungen sind damals auch in den Ortsteilen Bruchheide und Bohmterheide entstanden. Hier waren die Anwesen zum Teil noch als Nebenerwerbsstelle eingerichtet oder immerhin mit einem größeren Garten umgeben.

Die Ausdehnung des Siedlungskerns von Bohmte nach Osten zeigte sich besonders deutlich am Meyerhof, am Hauweg und an der Neustadtstraße. Gegenüber den übrigen Siedlungen und Teilbebauungsgebieten handelte es sich hier jedoch um individuelle Einzelbauten. Und auch der Ortskern hatte eine für ihn vorteilhafte Entwicklung erfahren. Die Fassaden der Geschäftshäuser waren fast durchweg modernisiert worden, und in Baulücken entstanden zeittypische Neubauten. Schon von weitem bekam man einen Eindruck von der Siedlungstätigkeit und von den grundlegenden Änderungen des Ortsbildes, wozu besonders die Errichtung eines größeren Turmes an der katholischen Kirche, der Neubau der evangelischen Kirche, die Errichtung eines Gemeindehauses, eines hohen Schornsteins und einer neuen Fabrikhalle des Bohmter Möbelwerkes, eines großzügigen neuen Molkereigebäudes und des Sägewerkes Wagner sowie die Modernisierung der Post zählten.

Das neue Gemeindehaus, die evangelische Kirche, die Spar- und Darlehnskasse, die netten Milchverkaufspavillons, die repräsentative Bundespost und auch noch der danebenliegende Gasthof „Zur Post", gegenüber der hellen Fassade des Hotels Seling, sowie die Kreissparkasse sind in diesem Zusammenhang zu erwähnen, wenn man die Entwicklung des Ortsbildes entlang der Hauptverkehrsstraße zur Zeit des „Wirtschaftswunders" betrachtet. Zu einer steigenden Bedeutung gelangte ab 1955 auch die Wehrendorfer Straße, von der aus gesehen östlich die Großbetriebe Wagner, Saatgut-Handelsgesellschaft und im Hintergrund der hohe Schornstein der Möbelfabrik Becklas das Bild beherrschten. Zu erwähnen ist noch der Bau des Gemeinde- und Feuerwehrgerätehauses an der Schulstraße am Kriegerdenkmal, das 1953 seiner Bestimmung übergeben werden konnte.

In einem Kommentar befasste sich das Wittlager Kreisblatt am 26. Juli 1956 mit der starken Bautätigkeit jener Zeit, die auch an der Hauptgeschäftsstraße des Ortes - an der Bundesstraße 51 - deutliche Spuren hinterlassen hatte. „Noch 1954 wies die Bundesstraße 51 an ihrer Ostseite am Bahnhof große Baulücken auf. Heute steht hier eine Reihe von Geschäftshäusern. Gegenüber dem Gebäudekomplex der Raiffeisen-Molkerei hat im Erdgeschoß des Hauses Uhlenbrock der Konsum seit einigen Monaten einen Schnellbedienungsladen eingerichtet. Fast im gleichen Baustil erhebt sich daneben das Brüggemannsche Elektro- und Installationsgeschäft. Einen modernen und lebhaften Akzent bringt das Haus Seling in die Häuserreihe, in dessen Erdgeschoß die Schlächterei Lücke und das Papierwarengeschäft Niemeyer ihre Läden haben. Die Gemischtwarenhandlung Steuer hat ihre Straßenfront ebenfalls modernisiert und dem Gesamtbild angepasst. Auch an dem Haus Nienhüser sind Veränderungen vorgenommen worden. Es beherbergt in seinem Erdgeschoß die Radiohandlung A. Ludwig, die Papier- und Schreibwarenhandlung Schlüter, Inh. A. Kohlhaus, und die Möbelhandlung Nienhüser. Alles in allem wirkt diese Häuserreihe mit ihren ansprechenden großen Schaufenstern geschlossen und harmonisch. Auch an der übrigen Bundesstraße 51 im Ort hat sich in letzter Zeit allerhand getan, wenngleich auch nicht ein solch eindrucksvolles Gesamtbild wie an dem angeführten Teilstück entstanden ist. Der Gasthof Lampe hat eine neue freundliche und einladende Fassade erhalten. Die Einrichtung des Uhrengeschäftes im Hause Seiters und der Werkstattneubau der Firma Ladner sind nicht so auffallend; sie tragen jedoch zum Gesamtbild bei. Auch das Haus Kottmann ist sehr zu seinem Vorteil als Geschäftshaus umgewandelt worden. Eine ländliche Note bringt das mächtige Fachwerkbauernhaus Wellner in das Straßenbild. Die neu gestrichenen Außenwände und die ebenfalls in Fachwerk gehaltenen Hofscheunen im Schatten der mächtigen Eichen bieten einen freundlichen Anblick. Das Kaufhaus O. Braadt hat ebenfalls im letzten Jahre seine Schaufensterreihe verlängert und modernisiert. Den Abschluß der geschlossenen Ortslage bildet der Gasthof Schobbe mit den Bohmter Lichtspielen. Auch hier erhielt die Straßenfront unlängst einen erfrischenden Anstrich".

Im September 1958 übernahm der Luftsportverein Wittlage sein neues Segelfluggelände am Gut Arenshorst, das der Baron Freiherr von Ledebur zur Verfügung gestellt hatte. Von nun an zog das kleine weiße Segelflugzeug „Bohmte", dessen gute Flugeigenschaften sich bereits zuvor in knapp 100 Starts gezeigt hatten, seine Kreise über den Wiesen westlich des Ortes. Es waren Bohmter Kaufleute, die mit ihren Spenden die Anschaffung eines im Rohbau fertigen Segelflugzeugs ermöglicht hatten, ebenso wie sie den Kauf eines Transportwagens und eines Motors für die neue Startwinde unterstützten. Zur Einweihung des neuen Fluggeländes zeigte sich der Himmel von seiner strahlendsten Seite und bescherte ein ideales Flugwetter. Aus der Vogelperspektive des Segelfliegers erschlossen sich damals hoch über Bohmte bereits die Perspektiven für ein weiteres Wachstum des Ortes. Im Süden schoben sich die fast lückenlos bebauten Siedlungen Tappenwiese und Sudheide bis nahe an die Hunte heran. Im Südosten würde sich die Siedlungsgrenze über die bestehenden 5 Neubauten am Hauweg hinaus in Richtung Wehrendorf verschieben, während nördlich von Bohmte sich Reihensiedlungen deutlich aus der ländlichen Streusiedlung hervorheben würden.

Es waren vor allem Einzelprojekte, die um diese Zeit im Blickpunkt der Öffentlichkeit standen. Dazu zählten vor allem der Bau einer zentralen Wasserversorgung der Gemeinde und die Errichtung einer Schwimmanstalt. Zudem entstanden in Bohmte die ersten Tennisplätze der Nachkriegszeit im Landkreis Wittlage. 1956 konnte der erste Bauabschnitt der neuen Ortswasserversorgung von Bohmte abgeschlossen werden. Das betriebsfertige Pumpwerk war nun in der Lage, bis zu 5.000 Personen mit Wasser zu versorgen. Damals wohnten innerhalb des geschlossenen Ortsbereichs, für den ein Anschluss an die Wasserversorgung vorgesehen war, etwa 2.500 Personen. Zunächst waren die Siedlung Tappenwiese, die Sudheide, die Wehrendorfer Straße, die Bremer Straße bis zur Reparaturwerkstatt Mecklenburg und ein Teil der Schulstraße an das Leitungsnetz angeschlossen worden, ebenso das zeitgleich erbaute Freibad. Später folgten die Ortsteile am Meyerhof, Auf der Masch, am Hauweg, der restliche Teil der Schulstraße sowie der nähere Umkreis am Bahnübergang 104.

Besonders der Anschluss des Gemeindefriedhofs, dessen Wasserversorgung seit vielen Jahren ein Sorgenkind der Gemeinde war, wurde von der Bevölkerung positiv aufgenommen. Denn das wenige hier zuvor vorhandene Wasser war gewöhnlich auch noch ungeeignet zum Begießen der Grabpflanzen. Die Friedhofsgänger waren so gezwungen, Wasser aus ihren Wohnungen mitzubringen oder von den in der Nähe des Friedhofes liegenden Grundstücken zu holen. Das Wasser der neuen Ortswasserversorgungsanlage war von guter Qualität. Von den Hausfrauen wurde es allgemein gelobt. Es schmeckte nicht nur gut, sondern erwies sich auch weich und damit für die Wäsche geeignet. Die für die Bohmter Bürger lästige Vorschrift, das Wasser nur in gekochtem Zustande zu genießen, konnte nach der offiziellen Abnahme des Pumpwerks aufgehoben werden.

Mitte der 1950er Jahre begann in Bohmte die Planung für ein Sportgelände mit Freibad, Sportplatz, Tennisplätzen und Fussballplatz. 1956 wurden das Planschbecken und ein Schwimmlehrbecken in einer Größe von 12 x 18 Meter fertiggestellt und ein erster Tennisplatz angelegt. Es war seinerzeit der einzige und erste Tennisplatz der Nachkriegszeit im Landkreis Wittlage, der im Juli in Betrieb genommen werden konnte. Während der Bauzeit war die Mitgliederzahl des Bohmter Tennisclubs so stark angewachsen, dass zur Einweihung des ersten Platzes eine Mitgliedersperre verhängt werden musste. Diese Sperre konnte erst wieder gelockert werden, als der zweite Tennisplatz angelegt war. Gleichzeitig wurde am 22. Juli des Jahres 1956 in Bohmte das erste Freibad des Landkreises eingeweiht. Trotz des nicht besonders freundlichen Wetters hatten sich viele Zuschauer und schwimmbegeisterte Jungen und Mädel eingefunden, um bei der Eröffnung ihres Bades mit dabei zu sein. Schon in kurzer Zeit stand eine ganze Reihe Jugendlicher am Schwimmlehrbecken bereit, um sich auf das Kommando: „Achtung, fertig, los!" in die „Fluten" zu stürzen. Wenn auch die Lufttemperatur gering war, zeigte das Wasser doch 19 Grad Wärme. Von einer offiziellen Feier, die zu Beginn der Saison 1957 geplant war, hat man damals abgesehen, da die Anlagen an den Becken noch nicht komplett fertig gestellt waren. In einem weiteren Bauabschnitt folgte die Erstellung des 16 x 25 Meter großen Schwimmbeckens mit fünf Bahnen, Sprunggrube, ein drei Meter hohen Brett und zwei 1-Meter-Brettern, von denen aus die lustigen Springer mehr oder weniger elegant ins Wasser springen konnten.

So hieß es im Juni 1959 dann auch für Bohmter „Pack die Badehose ein ...". Besonders für die Jugend freute sich, als auch das neue Schwimmbecken seiner Bestimmung übergeben werden konnte. Endlich hatten nun auch die Bohmter eine Möglichkeit, sich an heißen Tagen zu erfrischen - ein richtiges Freibad mit allem was dazu gehört, einschließlich einer Liegefläche von etwa 10.000 Quadratmeter Größe. Später wurden dann die notwendigen Erweiterungsbaulichkeiten für das Freibad und den Sportplatz geschaffen. Dabei wurde an das bereits vorhandene Gebäude ein 10 Meter langer Trakt angebaut, der zum größten Teil dem neuen Sportplatz diente. Hier entstanden ein Geräteraum, Toilettenräume und ein Kassenraum. Den Abschluss bildete ein Verkaufsraum, der so hergerichtet wurde, dass er sowohl zum Freibad hin als auch zum Sportplatz hin geöffnet werden konnte.

Ein wesentlich größerer Anbau in einer Länge von 25 Metern wurde in stumpfem Winkel an das vorhandene Gebäude angeschlossen. Mit diesem Erweiterungsbau erhielt das Bohmter Freibad nun auch seinen bisher fehlenden Eingang. Auf der einen Seite dieses Eingangs befand sich ein heller Kassenraum, außerdem ein Aufenthaltsraum für den Badewärter, ein Sanitätsraum und ein weiterer Raum für verschiedene Zwecke. Auf der gegenüberliegenden Seite wurden Massenumkleideräume für Jungen und Mädel errichtet sowie zwei kleine Umkleideräume für Lehrkräfte. Beide Räume konnten bei Fußballspielen auf dem angrenzenden Sportplatz auch dem Schiedsrichter zur Verfügung gestellt werden. Den Abschluss des Anbaues bildeten zwei Umkleideräume für die Fußballer. An jeden dieser Umkleideräume grenzte ein Duschraum, der sich durch Automaten mit Propangas beheizen ließ. Diese Duschräume konnten im Bedarfsfall auch den Gästen des Freibades zugänglich gemacht werden.

So erwartete den Badegast ab 1962 auch in Bohmte ein modernes Freibad, das sich sowohl hinsichtlich seiner Becken mit glasklarem Wasser als auch seiner Hochbauten mit anderen Freibädern messen konnte.

Der für das Wittlager Land einzigartige Ausbau der Sportanlage festigte Bohmtes Standort als Sportort Nr. 1. mit seinem TV 01 Bohmte als größtem Sportverein in der Region. Die neuen Sportstätten stützten den zahlen- und leistungsmäßigen Aufwärtstrend der Sportaktivitäten im Ort, wie die Jahresversammlung des TV 01 Bohmte 1960 feststellen konnte. So war in fast allen Abteilungen des Vereines eine erfreuliche Entwicklung festzustellen. Die Mitgliederzahl konnte in einem Jahr von 1959 auf 1960 um 10 Prozent auf 550 gesteigert werden, womit der Verein die mit Abstand größte Sportgemeinschaft im Landkreis Wittlage war.

*Blick die Bremer Straße hinunter zum Bahnhof um 1960. Rechts liegt das Gebäude der Molkerei, links eine Zeile mit Geschäftshäusern, die bis zur Kreis-Sparkasse hin reicht.*

*Zwischen 1956 und 1962 entstand in mehreren Schritten das Bohmter Freibad, das 1956 das erste Freibad im Landkreis Wittlage darstellte.*

*Im September 1958 konnte die „Bohmte" von den Wittlager Segelsportlern in Betrieb gen-
bommen werden - eine Spende der Bohmter Geschäftsleute.*

*1965 zog die Kreis-Sparkasse in ihren neuen Sitz an der Gartenstraße neben der „Delphin-
Apotheke" ein und räumte ihr altes Gebäude, in das nun das Bohmter Rathaus einzog.*

# Auf den Spuren der Ortsgeschichte

Wer sich heute in Bohmte aufmacht, um die Spuren der Ortgeschichte aufzusuchen, sollte seinen historischen Rundgang beim „Gasthof zur Post" beginnen, der im Sommer 2011 sein 125-jähriges Bestehen feiern konnte. In seinem Gelände befanden sich nach dessen Neubau durch den Postmeister Heinrich Rabe im Jahr 1886 die zuvor in einem Nebengebäude des Hotels Seling untergebrachten Postdiensträume, die 1902 in das neue Postgebäude verlegt wurden und Platz machte für die 1908 gegründeten Sparkasse des Kreises Wittlage.

Die Verlegung des Bohmter Briefpostamt, das sich ursprünglich im „Arzthause" neben dem alten Gemeindeamt, später im Gasthaus Gieseke und dann auf dem Kleinschmagenschen Grundstück befand, aus der Ortsmitte in den Süden zum Bahnhof wurde notwendig, nachdem die Staatsbahn Osnabrück - Bremen 1873 den Postbetrieb in Bohmte erheblich vergrößert hatte und einen Umzug in die Nähe des Bahnhofs nahe legte. Die Oldenburger Oberpostdirektion brachte das Postamt nun zunächst in einem Nebengebäude des Hotels Seling unter und löste den alten Postexpedienten Reinert durch einen „geprüften" Postbeamten Heinrich Rabe ab, der dann den weiteren Ausbau des Postbetriebs in die Hand nahm.

Gegenüber dem Gasthof liegt der 1872 als erstes Steingebäude in Bohmte errichtete Bahnhof, mit seinem nach 2000 umgestalteten Bahnhofsvorplatz stiller Zeitzeuge der Funktion eines lokalen Verkehrskontenpunktes, den Bohmte bereits 1664 mit dem Halt der ersten Postkutsche an der hier eingerichteten Haltestation übernommen hatte und der ab 1900 mit der Aufnahme des Verkehrs auf der Wittlager Kreisbahn zwischen Bohmte und Holzhausen-Heddinghausen nochmals einen erheblichen Entwicklungsschub bekommen hat, dem 1914 die Erweiterung des Bahnverkehr um die Linie Bohmte-Damme folgte. Ein weiterer bautechnischer Zeitzeuge jener Jahre ist die alte Mühle am Bahnhof, die als restauriertes Objekt an die Ansiedlung vieler Betriebe rund um das Bahnhofsareal erinnert.

Gegenüber liegt das Rathaus, das 1913/14 als Sitz der Kreissparkasse errichtet worden war und dieser als Bohmter Sitz diente, bis sie 1965 in ihren Neubau an der Gartenstraße umzog und in ihren ehemaligen Räumlichkeiten Platz machte für die Gemeinde Bohmte, die hier ihr neues Rathaus fand. Sowohl die Straßenführung der B 51 als auch der Ausbau der Bremer Straße selbst haben sich seither stark gewandelt. Wünschte sich Friedrich Otto Knapp als Bohmter Bürgermeister zu seinem 25-jährigen Dienstjubiläum im September 1958 noch den durchgehenden Ausbau der Hauptstraße mit einem Bürgersteig auf beiden Seiten, so ist dieser Wunsch inzwischen längst in Erfüllung gegangen. Doch haben die Häuserzeilen links wie rechts der Straße inzwischen ein völlig neues Gesicht bekommen, bis hinauf zum ehemaligen Zechengebäude, an dem das an der Nordseite angebrachte Zechensignet mit Hammer und Schlägel an die Kohleförderung in Bohmte erinnert. Das Haus wurde 1878 von Rudolph Seiters käuflich erworben, um hier eine Bier- und Spirituosenhandlung zu betreiben. Zuvor hatten sich hier die Bohmter Arbeiter der Zeche „Beharrlichkeit" in den Kellenräumen umgekleidet und ihre Arbeitskleidung getrocknet, während in den oberen Räumen die Verwaltung der Zeche ihren Sitz hatte.

Wo sich die erste Poststation in Bohmte befand, ist nicht bekannt. Um 1744 soll sie sich auf dem Gelände des Meyerhofs befunden haben, wo sie bis in die vierziger Jahre des 19. Jahrhunderts verblieb. Von der Einfahrt zur alten Poststation steht noch eine Torsäule mitten im Ort als Bestandteil der Mauer an der alten Villa Seling, seit 2011 Sitz des Immobiliencenters der Sparkasse Osnabrück und ihrer Bohmter Filiale. Gegenüber liegt als letzter im Ort verbliebener Landwirtschaftsbetrieb der Hof Wellner, einst ein großer Vollerbenhof mit Steinbruchbetrieb.

Vor dem Hof beginnt der „Shared Space", ein Verkehrsprojekt der Gegenwart. Auf einer Strecke von 450 Metern ist hier ein verkehrstechnisches Projekt verwirklicht, das für Deutschland einmalig ist. Begonnen hatte es im Jahr 2004 mit einer Einwohnerversammlung. In offenen Workshops wurden Ideen gesammelt, um ein Konzept zu entwickeln, das von den Bürgern Bohmtes getragen wird. Im Anschluss an das Planverfahren wurde das Vorhaben in den Jahren 2007/08 realisiert. Im neu gestalteten Bereich wurden 320 Meter Kanalleitungen erneuert, 8300 Quadratmeter Fläche gepflastert und 1600 Kubikmeter Schotter verbaut. Entsprechend des Gedankens eines gemeinsam genutzten und geteilten Raums wurden dabei die Straße und angrenzende Plätze völlig umgestaltet: Ampeln, Schilder, Zebrastreifen, Inseln, Bürgersteige und andere Barrieren verschwanden, so dass Autofahrer, Radler und Fußgänger von nun an im Verkehr miteinander kommunizieren und mehr aufeinander achten mussten. In Bohmte gab es nun einen deutschlandweit einzigartigen „Shared Space"-Bereich, der zur Sehenswürdigkeit für Gäste aus aller Welt wurde.

Und der sollte dem regelverliebten deutschen Verkehrsteilnehmer zeigen, dass es auch anders geht. Besucher fragen sich oft: „Kann das überhaupt funktionieren?" Es kann, wie die Bohmter Verhältnisse von nun an zeigten. Ohne Beschilderung und ohne nennenswerte Unfälle, die Skeptiker prophezeit hatten. 80 bis 90 Prozent der Verkehrsteilnehmer in Bohmte - so die Schätzungen - verhalten sich freiwillig vorsichtig. Das ist beachtlich. Dass aus einer unfallträchtigen Ampelkreuzung ein offener Kreis wurde, auf dem jeder selbst entscheiden kann, wann und wie er fährt, darüber haben sich schon viele Besucher gewundert. Die Kreisverkehr bildet das Ende der Projektzone, an deren Ausfahrt in Richtung Levern die „Alte Schmiede" liegt, eine kleine Museumsschmiede, die auch für Ausstellungen genutzt wird. Am Ausgang des Kreisverkehrs in Richtung Diepholz befindet sich auch ein altes Fachwerkhaus aus dem Jahr 1798, das in 4-Ständerbauweise mit Querdiele errichtet worden ist. Hier waren einst das Kolonialwarengeschäft und die Färberei Kohlhaus untergebracht. Ein weiteres Gebäude, das die Erinnerung an Bohmtes Vergangenheit als landwirtschaftlich geprägte Ortschaft wach hält, ist der „Bohmter Kotten" an der Schulstraße, der in fast 200 Jahre lang zum Hof Wellner gehört hatte. Das als 2-Ständerbauwerk errichtete Fachwerkgebäude stammt aus dem Jahr 1783 und bietet heute einem Teil des kulturellen Lebens Bohmtes Platz.

Bohmte ist immer ein Verkehrsknotenpunkt für die Ämter Hunteburg und Wittlage gewesen, die später im Landkreis Wittlage aufgingen. Das Thema Verkehr, das den Ort seit dem Eintreffen der ersten Postkutsche 1664 beschäftigte, ist bis in die Gegenwart aktuell geblieben. Die alte Bundesstraße 51 bildete lange Zeit die Hauptverkehrsader durch den Ort und ist auch heute noch trotz einer zwischenzeitlich gebauten Ortumgehung viel befahren. Aus diesem Grund beschäftigen den Rat Bohmtes immer wieder Debatte um die Frage, wie es mit dem Verkehr innerhalb der Ortschaft, vor allem aber auf der Bremer Straße weiter geht. Denn dort, wo mit dem „Shared Space" eine Lösung für das Problem der Überregulierung des Verkehrs gefunden zu sein scheint, drückt ein anderes Problem die Bevölkerung. Es ist der Schwerlastverkehr, für den eine Ortsentlastungsstraße diskutiert wird. Aktuell rollen täglich bis zu 2700 Lkw durch den Ort - Tendenz bis 2020 steigend. Ob eine Ausdehnung des „Shared Space"-Bereichs bis hinunter zum Bahnhofsvorplatz den Verkehrsfluss einzudämmen vermag oder nur eine rigorose Lösung in Form einer Nordumgehung des Ortes hier Abhilfe schaffen kann, darüber gibt es unterschiedliche Auffassungen. Doch eins scheint sicher: Solange die Belastung mit Last- und Personenverkehr in Bohmte weiter zunimmt, bleiben dem Ort Diskussionen rund um das Thema „Verkehr" erhalten.

*Das Gasthaus „Zur Post" hat eine ereignisreiche Vergangenheit. Hier, gegenüber dem Bohmter Bahnhof, war einst die Post, später auch die erste Kreis-Sparkasse untergebracht.*

*Bis heute bildet der Bohmter Bahnhof eine feste Größe im Verkehrsnetz des Wittlager Landes. Angrenzend liegt die VOS, die den Busverkehr im Wittlager Land organisiert.*

*Hammer und Schlägel im Dachfenster weisen auf die Vergangenheit des Gebäudes als Sitz der Bohmter Zeche hin.*

*„Shared Space" nennt sich ein aktuelles Verkehrsprojekt der Europäiscshen Union, an dem auch die Gemeinde Bohmte beteiligt ist – hier läuft der Verkehr ohne Verkehrsschilder!*

*Die restaurierte Villa Seling, heute Sitz des Immobiliencenters der Sparkasse Osnabrück. Im Vordergrund eine alte Säulen – die Reste der Postkutscheneinfahrt zum Meyerhof.*

*Ebenso grundlegend saniert ist das alte Kohlhaus'sche Haus, das zu den ältesten Bauwerken Bohmtes zählt.*

*In der alten Schmiede der Familie Placke ist ein kleines Museum untergebracht, das noch zeigt, wie früher mit Feuer, Hammer und Amboss gearbeitet worden ist.*

*Der Bohmter Kotten – früher Bestandteil des Hofes Wellner – ist heute Schauplatz unterschiedlicher kultureller Aktivitäten.*

*Eine Dampflokomotive der Museums-Eisenbahn Minden auf dem Rückweg vom Bohmter Bahnhof nach Preußisch Oldendorf.*

*Der alte Triebwagen T3 der Wittlager Kreisbahn erinnert auf seinen Museumsfahrten an die gute alte „Kreisbahn", die früher auch die Linie zwischen Bohmte und Damme befuhr.*